# PAUL CÉZANNE,
## PRÉCURSEUR DU CUBISME

### Quand la couleur crée la forme

par Delphine Gervais de Lafond

**50MINUTES**

Avec la collaboration de Corinne Durand

# PAUL CÉZANNE

- **Naissance ?** Né le 19 janvier 1839 à Aix-en-Provence.
- **Mort ?** Décédé le 23 octobre 1906 dans la même ville.
- **Contexte ?** La peinture française de la fin du XIX<sup>e</sup> siècle : impressionnisme et postimpressionnisme.
- **Œuvres majeures ?**
  - *Achille Emperaire* (1867-1868)
  - *La Maison du pendu à Auvers-sur-Oise* (1873)
  - *Le Golfe de Marseille vu de l'Estaque* (1885)
  - *Pommes et Oranges* (vers 1899)
  - *Les Grandes Baigneuses* (1900-1906)
  - *La Montagne Sainte-Victoire vue des Lauves* (1902-1904)

Peintre originaire d'Aix-en-Provence, Paul Cézanne est l'un des artistes français les plus célèbres de la fin du XIX<sup>e</sup> siècle, bien que rien ne le prédestinait à cela. Ami d'enfance d'Émile Zola (1840-1902) et proche du groupe impressionniste, l'artiste partage sa vie entre la région parisienne et le Sud de la France. Les couleurs de la Méditerranée inspireront fortement sa peinture.

Considéré à la fois comme un impressionniste et un postimpressionniste, Cézanne exerce une influence capitale sur l'art moderne. Pourtant, de son vivant, sa peinture est décriée et il se heurte à plusieurs reprises à la virulence des critiques qui lui reprochent notamment son utilisation excessive de la couleur. Rejeté du public et incompris par ses contemporains, le peintre aixois trouve son principal soutien en la personne d'Ambroise Vollard (1868-1939), marchand d'art et premier collectionneur des œuvres impressionnistes.

Cézanne est notamment célèbre pour ses portraits, ses natures mortes et ses baigneuses, ainsi que pour ses multiples représentations de la montagne Sainte-Victoire, dans sa région natale, selon divers points de vue et à différents moments de la journée. Au fil de sa carrière, ses œuvres se font de plus en plus lumineuses, et sa manière de peindre évolue vers une touche fractionnée et géométrique qui fait de lui un précurseur du cubisme.

# CONTEXTE

## L'ACADÉMIE DES BEAUX-ARTS, UNE INSTITUTION VIEILLISSANTE

L'Académie des beaux-arts exerce au XIXe siècle une grande autorité dans le domaine artistique. Tous les peintres souhaitant faire carrière se doivent de suivre les enseignements de cette vénérable institution. Le Salon, l'exposition officielle de peinture, présente les meilleurs tableaux, sélectionnés selon des critères rigoureux. Ainsi, pour espérer être exposés au Salon, les peintres ont tout intérêt à se plier aux règles strictes émises par l'Académie, qui dicte le style et les thèmes des œuvres. Cette rigidité bride toute créativité.

Mais, à la fin du XIXe siècle, les conventions auxquelles doivent répondre les œuvres ne trouvent plus d'écho auprès de la jeune génération. Certains artistes refusent alors de soumettre leurs toiles au jury du Salon et se réunissent autour d'expositions marginales au cours desquelles ils remettent en question l'héritage classique, avec des œuvres qui se veulent innovantes. Gustave Courbet (1819-1877), Édouard Manet (1832-1883) et, à leur suite, les impressionnistes sont les premiers à rompre véritablement avec l'art académique.

### LE SALON DES REFUSÉS

En 1863, un Salon des refusés est organisé, dont le but est d'exposer les peintres qui n'ont pas été retenus pour participer au Salon officiel. Créé à l'initiative de Napoléon III (1808-1873), en opposition à l'Académie, cette exposition entend laisser le spectateur seul juge de la légitimité des œuvres refusées par le jury. Édouard Manet y fait scandale avec son célèbre *Déjeuner sur l'herbe* (1863).

# L'INFLUENCE IMPRESSIONNISTE

Né dans les années 1870, l'impressionnisme compte dans ses rangs plusieurs grands noms de la peinture française : Camille Pissarro (1830-1903), Alfred Sisley (1839-1899), Claude Monet (1840-1926), Pierre-Auguste Renoir (1841-1919) ou encore Jean-Baptiste Armand Guillaumin (1841-1927). Suite à l'invention de la photographie, dont le but est la reproduction stricte du réel, les impressionnistes s'éloignent du réalisme pour proposer une peinture davantage subjective et personnelle. Ce qui les intéresse avant tout, c'est de retranscrire les impressions qu'ils éprouvent en observant la réalité. Pour ce faire, ils peignent le plus souvent en extérieur, à la recherche de sensations fugitives et éphémères à reproduire sur leurs toiles.

La relation de Paul Cézanne avec l'impressionnisme est complexe. Le peintre est considéré à la fois comme l'un des piliers du mouvement et comme un membre à part. Fidèle ami de Pissarro et de Renoir, il participe à deux expositions du groupe, en 1874 et 1877, et ses œuvres réalisées dans les années 1870 portent sans conteste la trace de cette influence picturale. Mais, après 1880, Cézanne s'éloigne de l'impressionnisme, à la recherche de son propre style. Toutefois, on retrouve dans sa peinture plusieurs caractéristiques du courant : la pratique de son art en plein air, la touche serrée et divisée, la compartimentation de la couleur, l'importance de la lumière ou encore la déclinaison d'un même sujet sur plusieurs toiles.

## LA PEINTURE « SUR LE MOTIF »

La peinture en plein air, dite « sur le motif », est en réalité pratiquée bien avant l'impressionnisme, notamment par les peintres paysagistes de l'école de Barbizon dans les années 1850. C'est la commercialisation des tubes de peinture à l'huile en métal par Alexandre Lefranc en 1859 qui contribue à populariser cette méthode de travail en extérieur.

# LE POSTIMPRESSIONNISME

Le postimpressionnisme caractérise une manière de peindre née à la fin du xix<sup>e</sup> siècle en opposition à l'impressionnisme. Le terme a été inventé par le critique et historien de l'art Roger Eliot Fry (1866-1934), à l'occasion de l'exposition « Manet and the Post-Impressionists » organisée aux Grafton Galleries de Londres en 1910. Derrière cette appellation vague se cachent en réalité trois peintres français : Paul Cézanne, Paul Gauguin (1848-1903) et Vincent Van Gogh (1853-1890).

Ces artistes ont chacun un style très différent, immédiatement reconnaissable. Leur approche de la peinture s'éloigne de celle des impressionnistes, dans la mesure où ils ne souhaitent pas représenter la réalité telle qu'ils la perçoivent (visuellement), mais plutôt telle qu'ils la conçoivent (mentalement). Pour y parvenir, ils jouent avec les couleurs, reconstruisent l'espace du tableau et questionnent les règles de la perspective. Expression et liberté sont les maîtres-mots de leur art. Considérés par leurs successeurs comme les pères de la modernité, ils livrent des compositions audacieuses ouvrant la voie aux avant-gardes du xx<sup>e</sup> siècle – cubisme, fauvisme, surréalisme, etc.



## LE SUD, TERRE PROMISE DES ARTISTES

La peinture de Cézanne est profondément liée à l'identité de la peinture provençale. Chaque ruelle d'Aix-en-Provence, la ville natale du peintre, garde le souvenir de son plus célèbre représentant.

Dans les dernières décennies du XIX<sup>e</sup> siècle, la Provence devient un véritable eldorado pour les artistes parisiens en quête d'exotisme. Créée en 1857, la ligne ferroviaire reliant Paris, Lyon et Marseille rend les voyages du nord au sud plus rapides et moins coûteux. Les touristes affluent alors vers les rives de la Méditerranée, charmés par la douceur du climat. La région méridionale a en effet de nombreux atouts : la nature y est encore préservée et l'industrialisation n'a pas encore eu raison de ses paysages sauvages.

Claude Monet, Pierre-Auguste Renoir, Paul Signac (1863-1935) ou encore Vincent Van Gogh sont tour à tour happés par la douceur du Midi. Monet séjourne à Antibes, Renoir s'installe à Cagnes, Signac dans la baie de Saint-Tropez et Van Gogh pose son chevalet à Arles, vite rejoint par Gauguin. Grâce à son ami Pissarro, Cézanne découvre l'Estaque, un petit village de pêcheurs en bordure de Marseille. Le Sud ouvre à ces artistes les portes d'un royaume infini de formes et de couleurs dont la lumière constitue le point d'orgue.

# BIOGRAPHIE

## UNE ENFANCE EN PROVENCE

Né le 19 janvier 1839 à Aix-en-Provence, Paul Cézanne est issu d'un milieu aisé et élevé dans le but de reprendre l'entreprise familiale. Son père, Louis-Auguste Cézanne, est propriétaire d'une chapellerie et d'une banque à Aix-en-Provence. Paul Cézanne est l'aîné et le seul garçon de la famille : il a deux sœurs. Il mène une scolarité sans encombre au collège Bourbon, où il se lie d'amitié avec Émile Zola (1840-1902). Les deux garçons deviennent vite inséparables. Suivant la trajectoire voulue par son père, en 1858, Cézanne entame des études de droit.

Parallèlement à ses études, il suit les cours de Joseph Gibert (1806-1884) à l'école municipale de dessin. Le jeune peintre complète par ailleurs sa formation artistique dans les églises de la ville et au musée d'Aix. Il est marqué par *Les Joueurs de cartes* (1635) de Louis Le Nain (1593-1648), qui lui inspireront par la suite une série de peintures : *Les Joueurs de cartes* (entre 1890 et 1895).

## LES ANNÉES PARISIENNES

En 1861, Cézanne abandonne le droit et part étudier la peinture à Paris, où il retrouve Zola et fait la connaissance de Pissarro qui lui présente notamment Monet, Renoir, Guillaumin et Sisley. Il travaille à l'Académie suisse, un atelier de peinture, et arpente le Louvre, où il découvre notamment Le Caravage (1571-1610), Nicolas Poussin (1594-1665), Diego Vélasquez (1599-1660) et Rembrandt (1606-1669). Découragé par ce premier séjour, il retourne un moment travailler à Aix-en-Provence dans la banque paternelle, mais dès 1862, il est de retour à Paris. Jusqu'en 1882, il partagera sa vie entre la capitale et le Sud de la France.

Au début de sa carrière, Cézanne copie ses aînés. Dans une fresque réalisée vers 1867 sur les murs du Jas de Bouffan, la maison familiale d'Aix-en-Provence, l'artiste représente *Le Christ aux limbes*, d'après un tableau du peintre vénitien Sebastiano del Piombo (vers 1485-1547). Sombre et dramatique, sa palette restreinte composée principalement de blanc et de bleu foncé rehaussé de rouge est un hommage vibrant à la Renaissance italienne. Mais deux artistes français du XIXe siècle prennent rapidement place dans le cœur de Cézanne aux côtés des maîtres anciens : Eugène Delacroix (1798-1863) et Gustave Courbet (1819-1877). Du premier, il admire la violente passion, du second, le réalisme poussé à l'extrême. Cézanne copie une vingtaine des œuvres de Delacroix, parmi lesquelles la célèbre *Barque de Dante* (1822), qu'il découvre au Louvre en 1863. Son plus bel hommage au maître romantique est une toile qu'il laisse inachevée : *L'Apothéose de Delacroix* (vers 1890-1894). L'ombre de Courbet plane elle aussi dans certaines œuvres de Cézanne, comme sa *Léda au cygne* (vers 1880), qui n'est autre qu'une réinterprétation de la *Femme au perroquet* (1866) du peintre réaliste. Aux yeux de l'artiste aixois, chaque détail d'un tableau de Courbet vibre à travers la toile.

## L'APOTHÉOSE DE DELACROIX

Dans *L'Apothéose de Delacroix*, Cézanne érige son modèle en figure divine à la façon des apothéoses antiques. Il s'agit d'un thème iconographique récurrent en histoire de l'art – Jean Auguste Dominique Ingres (1780-1867) a par exemple peint *L'Apothéose d'Homère* (1827).
Soutenu par des anges, le corps de l'artiste s'élève dans les cieux sous l'œil bienveillant de ses admirateurs : Cézanne au centre, Monet et Pissarro à ses côtés, accompagnés du collectionneur de Delacroix et ami des impressionnistes, Victor Choquet, à gauche de la composition.

En 1869, Cézanne rencontre Marie-Hortense Fiquet (1850-1922), qui devient son modèle – l'artiste réalisera plus d'une vingtaine de portraits d'elle –, puis sa compagne. Elle lui donne un fils en 1872. Pourtant, Cézanne cache leur relation à son père, qui n'apprendra l'existence de son petit-fils que quelques années plus tard. Les amants n'officialiseront quant à eux leur union qu'en 1886, année du décès de Louis-Auguste Cézanne.

## L'AVENTURE IMPRESSIONNISTE

En 1870, pendant le conflit franco-prussien, la famille de Cézanne se réfugie à l'Estaque, un ancien hameau de pêcheurs situé au nord-ouest de Marseille. La guerre terminée, ils s'installent à Pontoise, puis à Auvers-sur-Oise, où Cézanne fréquente le groupe des impressionnistes. Il peint en compagnie de Pissarro et les deux artistes s'influencent réciproquement.

En 1874, face à l'insistance de Pissarro, Cézanne participe à la première exposition des impressionnistes chez le photographe Nadar (1820-1910), où il expose notamment *La Maison du Pendu à Auvers-sur-Oise* (1873). Le journaliste Louis Leroy (1812-1885), qui donnera son nom au groupe impressionniste, qualifie ce paysage de « gribouillage monstrueux ». Quant à sa *Moderne Olympia* (1873-1874), elle est vue comme l'œuvre d'un fou peignant sous l'influence d'un « delirium tremens » (trouble neurologique lié à l'alcoolisme). Découragé, Cézanne refuse de participer à la deuxième exposition du groupe en 1876, mais il accepte de revenir l'année suivante. Pour cette dernière participation, l'artiste expose seize toiles, s'attirant une nouvelle fois les foudres des critiques. Dès lors, Cézanne ne participe plus à aucune exposition impressionniste et s'éloigne petit à petit du groupe.

# RETOUR DANS LE SUD

À partir de la fin des années 1880, Cézanne se rend plus rarement en région parisienne. Ces années marquent par ailleurs un tournant dans sa carrière artistique. Il peint de nombreux paysages méditerranéens et son art évolue vers un style plus géométrique. Durant cette période, l'artiste réalise des natures mortes, des tableaux sur le thème des baigneurs et des baigneuses, de nombreux paysages et près de 80 peintures et aquarelles de la montagne Sainte-Victoire, qui témoignent de sa fascination pour ce joyau naturel aixois. Du Jas de Bouffan à la colline des Lauves en passant par la route du Tholonet, Cézanne représente la célèbre montagne selon divers points de vue et à différents moments de la journée. Il s'agit d'une quête picturale sans fin dans la carrière de l'artiste.

Mais Cézanne peine toujours à se faire reconnaître : le public l'accuse de déformer la nature et met régulièrement en doute ses qualités de peintre. Néanmoins, il trouve un solide appui auprès d'Ambroise Vollard. L'exposition organisée par ce dernier en 1895 le révèle enfin auprès du public et des artistes de la jeune génération, et sa renommée dépasse peu à peu les frontières de la France. Les expositions de 1904 et 1905 au Salon d'automne à Paris achèvent de consacrer son talent. Il meurt d'une pleurésie à Aix un an plus tard, le 23 octobre 1906.

## LA FIN D'UNE LONGUE AMITIÉ

En 1886, blessé par la parution de *L'Œuvre*, de Zola, Cézanne rompt tout contact avec l'écrivain. Celui-ci retrace, dans son roman, le parcours d'un artiste raté qui finit par se suicider, Claude, Lantier, et le peintre se reconnaît dans la description de ce dernier. Si cet épisode marque la fin d'une longue amitié, l'annonce de la mort accidentelle de Zola, en 1902, touche très profondément l'artiste.

## DE L'OMBRE À LA LUMIÈRE

Les premières années de Paul Cézanne sont marquées par l'influence des peintres de la Renaissance, d'Eugène Delacroix et de Gustave Courbet. Cette période de la production cézanienne est souvent qualifiée de « couillarde », en référence à une citation du peintre rapportée par Ambroise Vollard. La ligne de l'artiste est particulièrement marquée, les contours sont francs, la couleur est sombre et la touche mouvementée. Cézanne peint au couteau, en couches épaisses, portraits (*Portrait de Louis-Auguste Cézanne*, 1866), natures mortes (*Nature-morte à la bouilloire*, 1867-1869) et sujets religieux (*Madeleine et son Christ aux Limbes*, 1867), et réinterprète à sa manière les grands classiques de la peinture (*Le Baiser de la muse*, d'après Félix-Nicolas Frillié, 1859-1860).

Au contact des impressionnistes, Cézanne éclaircit sa palette, travaillant des tons plus clairs, et fragmente sa couleur en touches plus petites, qu'il appose les unes à côté des autres. L'artiste fait ainsi disparaître les lignes de contour dans les formes, comme c'est notamment le cas dans *La Maison du docteur Gachet à Auvers* (1873) ou dans *La Montagne de la Sainte-Victoire vue du chemin de Valcros* (1878-1879). Ainsi, ses toiles réalisées dans les années 1870 se rapprochent du style de Pissarro ou de Renoir.

Mais c'est la découverte de l'Estaque et des splendeurs de la Méditerranée qui lui apporte réellement la lumière qui manque à sa peinture. Cette progression vers davantage de luminosité se retrouve dans chacun de ses thèmes (la montagne Sainte-Victoire, les baigneuses, les natures mortes, etc.). Cézanne est fasciné par les couleurs tranchées du Sud, plus précisément par les toits rouges qui viennent barrer l'horizon de cette mer d'un bleu intense, délimitée par des arbres au feuillage toujours vert (pins, oliviers, etc.). Les années 1885-1890 s'inscrivent dans ce renouveau pictural en consacrant le style que nous lui connaissons aujourd'hui : formes géométriques et touches esquissées noient le paysage dans une brume de couleurs chaudes, comme l'illustre *Carrière de Bibémus* (1894-1895). L'utilisation de la couleur est toutefois jugée excessive par certains critiques, comme le rapporte Vollard dans ses mémoires.

## CAPTURER L'ESSENCE DES CHOSES

Pour Cézanne, un peintre doit dépasser la simple observation du réel afin de capturer l'essence même des choses. En cela, il rejoint les impressionnistes, mus par la volonté de saisir, à partir d'un paysage, d'un portrait ou d'une nature morte, une atmosphère et une lumière particulières.

Le peintre aixois résume sa conception de l'art dans une lettre adressée à Émile Bernard en 1904 :

> Traitez la nature par le cylindre, la sphère, le cône, le tout mis en perspective, soit que chaque côté d'un objet, d'un plan, se dirige vers un point central. Les lignes parallèles à l'horizon donnent l'étendue [...] les lignes perpendiculaires à cet horizon donnent la profondeur. Or, la nature, pour nous hommes, est plus en profondeur qu'en surface, d'où la nécessité d'introduire dans nos vibrations de lumière, représentées par les rouges et les jaunes, une somme suffisante de bleutés, pour faire sentir l'air. (CÉZANNE (Paul), *Correspondance*, recueillie, annotée et préfacée par John Rewald, Paris, Grasset, 1937, p. 259)

Cette célèbre citation ne signifie pas, comme on le pense souvent, que l'artiste souhaite seulement représenter les choses de manière géométrique. Cézanne explique ici que le peintre ne peut pas représenter la réalité telle qu'elle est, du fait de sa tridimensionnalité. En considérant son support en deux dimensions, l'artiste doit donc trouver un moyen de créer de la profondeur.

La seule manière d'insuffler la vie à ses modèles est d'exacerber – de caricaturer – la réalité, en renforçant la couleur et en simplifiant la forme. La couleur est, selon l'artiste, l'unique solution pour se rapprocher d'une certaine vérité. Quant au recours aux figures géométriques, c'est une manière de synthétiser son sujet en se concentrant sur l'essentiel : les formes présentes dans la nature se transforment donc en cylindres, en sphères ou encore en cônes. Dans ses natures mortes aux pommes ou aux oranges, le réalisme importe peu : seul compte le dynamisme de l'ensemble. Ainsi, Cézanne n'hésite pas à contourner les lois de la perspective pour donner plus de force et de rythme à ses compositions.

## *ACHILLE EMPERAIRE*

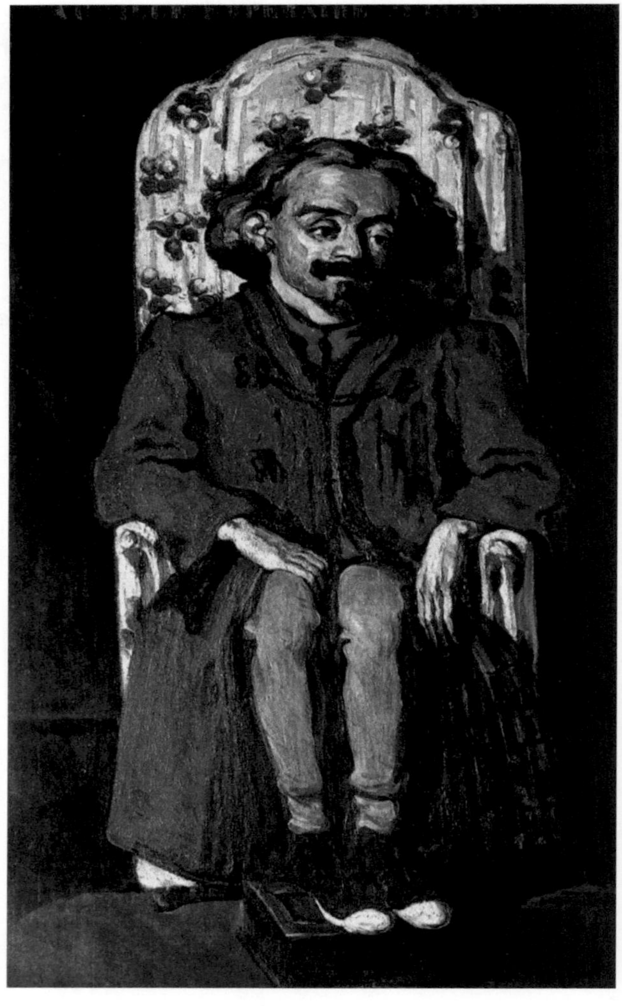

*Achille Emperaire*, 1867-1868, huile sur toile, 200 x 120 cm, Paris, musée d'Orsay.

Le modèle de cette œuvre de jeunesse est clairement identifié par l'inscription qui trône en haut de la composition : « Achille Emperaire peintre. » Il s'agit d'un artiste aixois (1829-1898), ami de Cézanne, connu pour ses dessins au fusain et à la sanguine. L'homme, au physique ingrat (il était bossu et atteint de nanisme), ne fait malheureusement pas carrière et vit dans la misère.

Cézanne fait sa connaissance au musée d'Aix (l'actuel musée Granet), avant de le croiser à nouveau à Paris à l'Académie suisse dans les années 1860. Quelques années plus tard, il réalise son portrait au Jas de Bouffan. Cézanne a vingt-huit ans, Emperaire en a dix de plus.

Ce portrait mélancolique s'inscrit dans la veine « couillarde » du peintre. On y sent l'influence du réalisme de Gustave Courbet. Le contour est particulièrement marqué et les tons sombres viennent accentuer la mise en scène dramatique. Bien qu'Emperaire apparaisse faible et malade, Cézanne le met à l'honneur dans une position solennelle, à l'image d'un souverain représenté sur son trône. L'inscription en lettres capitales et le grand format vertical, associés à la consonance du nom de famille du modèle, renforcent la métaphore royale.

# LA MAISON DU PENDU À AUVERS-SUR-OISE

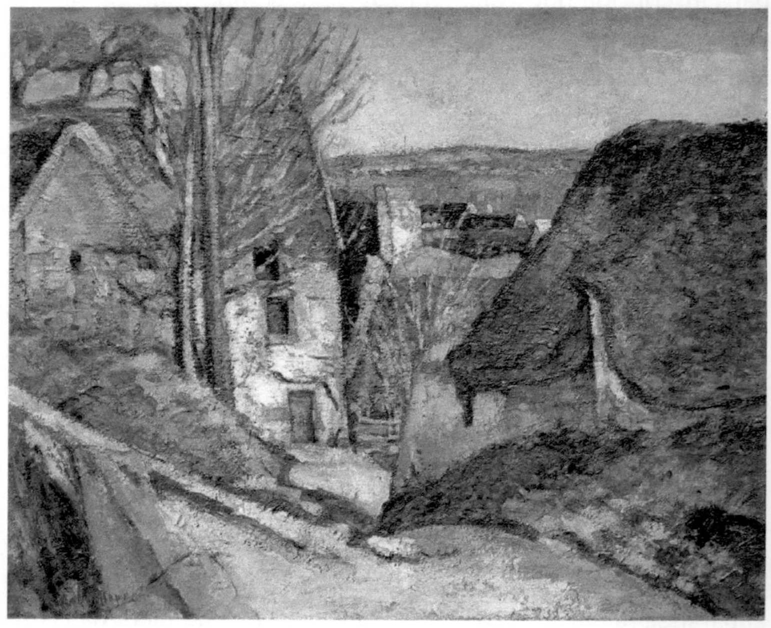

*La Maison du pendu à Auvers-sur-Oise*, 1873, huile sur toile, 55,5 x 66,3 cm, Paris, musée d'Orsay.

Présentée à la première exposition des impressionnistes en 1874, cette toile marque un tournant dans la carrière du peintre. Cézanne rompt ici avec la palette sombre de ses premières années et applique la couleur en petites touches épaisses qui donnent à l'ensemble un aspect pâteux. En outre, l'angle de vue original choisi par l'artiste, à la croisée de deux sentiers, rend la composition dynamique.

Plus mélancolique que les toiles de Monet ou de Renoir, ce paysage anecdotique – il s'agit d'une simple maison en bordure de chemin – annonce la période impressionniste de Cézanne, sous l'influence de Pissarro. En dépit des mauvaises critiques, le tableau trouve très vite acquéreur auprès du comte de Doria, qui le conserve jusqu'en 1899 avant de le donner à la famille Choquet en échange d'une autre toile. Entré au musée du Louvre en 1911, il fait désormais partie des collections du musée d'Orsay.



## LE SAVIEZ-VOUS ?

Contrairement à ce que l'on a pu croire pendant longtemps, le titre ne ferait pas référence à un fait divers macabre, mais à un dénommé Penn'du, l'ancien propriétaire breton de cette maison située rue du Four à Auvers-sur-Oise.

# LE GOLFE DE MARSEILLE VU DE L'ESTAQUE

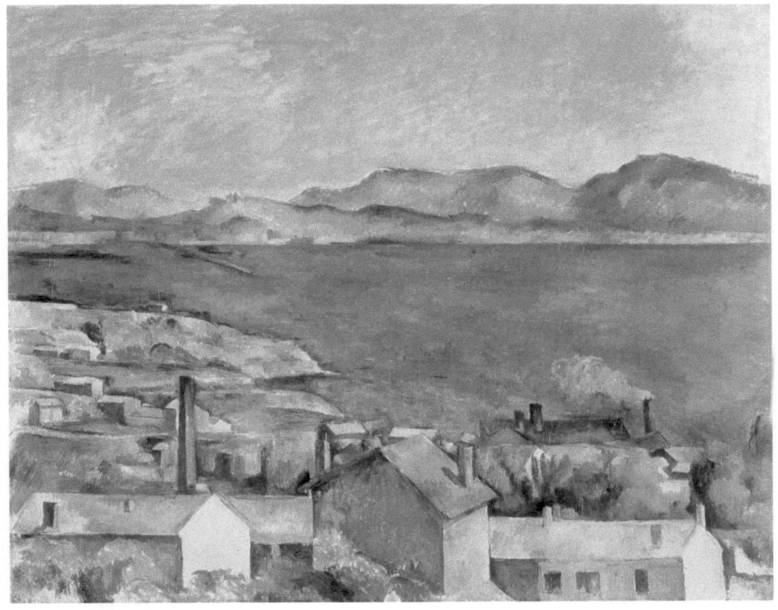

*Le Golfe de Marseille vu de l'Estaque*, 1885, huile sur toile, 80 x 101 cm, Chicago, The Art Institute of Chicago.

Cézanne peint cette toile lors de son dernier séjour à l'Estaque en 1885. La couleur se veut éclatante dans cette vue de Marseille depuis les hauteurs de la ville. Les lignes des contours s'effacent sous la présence insistante des touches de couleurs apposées les unes à côté des autres. La lumière semble irradier du premier plan par la côte brûlée par le soleil, les façades dorées des habitations et leurs toits aux tons orangés. Le ciel, dans son nerveux camaïeu de bleu, éclaire les sommets de Marseilleveyre, un célèbre massif au sud-est de la cité phocéenne.

L'artiste reviendra de nombreuses fois sur ce même motif, s'attachant à capturer l'atmosphère chaude et paisible de ce petit port de pêche encore sauvage. L'œuvre appartenait à Ambroise Vollard. Après quelques passages dans des collections privées américaines, elle est aujourd'hui conservée à Chicago.

## POMMES ET ORANGES

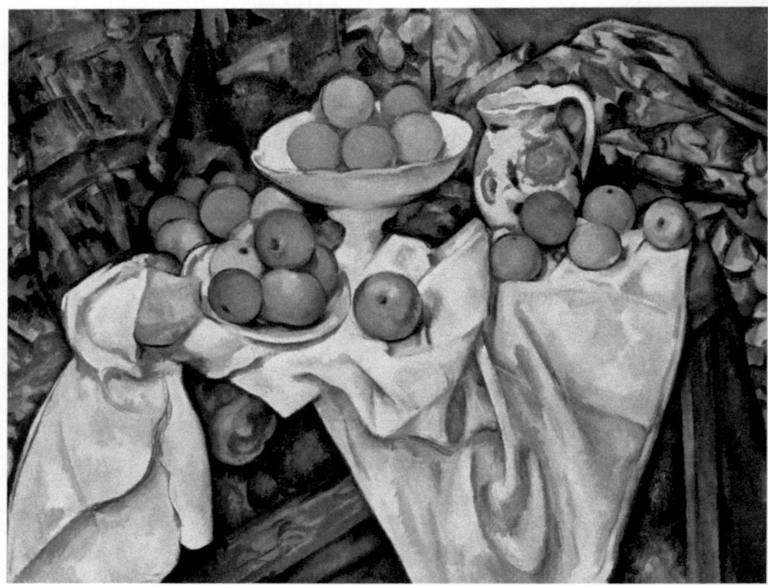

*Pommes et Oranges*, vers 1899, huile sur toile, 74 x 93 cm, Paris, musée d'Orsay.

La nature morte est l'un des thèmes de prédilection de l'artiste. En 1899, Cézanne réalise une série de six natures mortes dans son atelier parisien. *Pommes et Oranges* est la plus connue et sans doute la plus achevée d'entre elles. Certains détails sont récurrents d'une toile à l'autre : fruits nonchalamment disposés sur la table, pichet et nappe au motif fleuri, le tout rehaussé d'un drapé blanc qui attire le regard.

Loin d'être la simple reprise d'un thème artistique traditionnel, la nature morte telle que la conçoit Cézanne fait preuve d'une remarquable modernité. La perspective fuyante adoptée par l'artiste met en péril les techniques classiques du dessin pour donner à voir une autre façon de représenter les objets. Les pommes et les oranges semblent se mouvoir dans une composition qui défie les lois de la gravité. Cette représentation savante est le résultat d'une observation minutieuse : Cézanne examine chaque élément selon divers points de vue avant de reconstruire l'ensemble sur la toile vierge. Le résultat est à la fois surprenant et déstabilisant. Mais bien qu'ils soient placés de façon fantaisiste, ces fruits n'en demeurent pas moins étonnants de réalité.

## *LES GRANDES BAIGNEUSES*

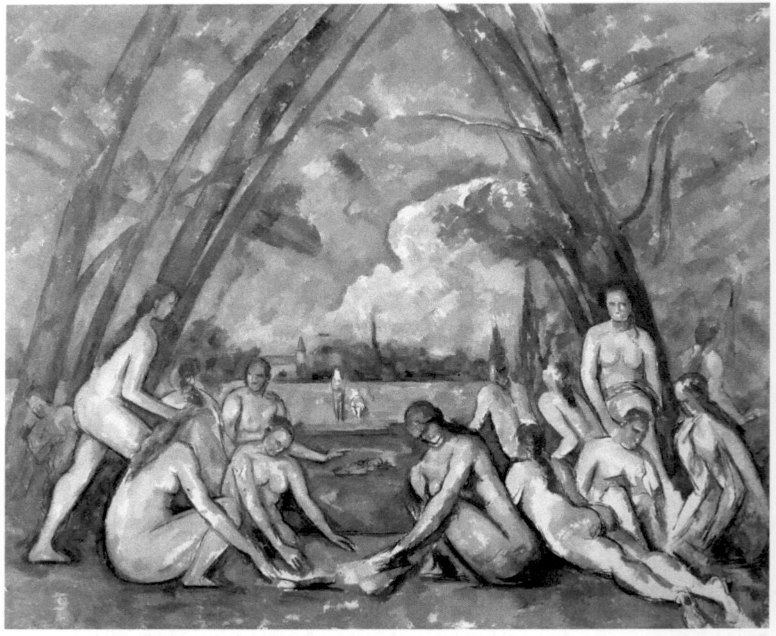

*Les Grandes Baigneuses*, 1900-1906, huile sur toile, 210 x 251 cm, Philadelphie, Philadelphia Museum of Art.

À la fin de sa vie, Cézanne entreprend la réalisation de trois grandes scènes de baigneuses :

* *Les Grandes Baigneuses*, 1894-1905, huile sur toile, 127,2 x 196,1 cm, Londres, The National Gallery ;
* *Les Grandes Baigneuses*, 1895-1906, huile sur toile, 132,4 x 219,1 cm, Merion, The Barnes Foundation ;
* *Les Grandes Baigneuses*, 1900-1906, huile sur toile, 210 x 251 cm, Philadelphie, Philadelphia Museum of Art.

Dernière composition du peintre sur ce thème, *Les Grandes Baigneuses* du musée de Philadelphie est aussi la plus vaste. Toutefois, le rendu inachevé de la toile renforce le côté intime de la scène. La touche large et les aplats de couleur annoncent le fauvisme et le cubisme. Ambroise Vollard achète la toile au fils de Cézanne en 1907.

Le sujet des baigneurs et des baigneuses cher à Cézanne est un thème iconographique traditionnel remis au goût du jour au XIXe siècle par Gustave Courbet et Édouard Manet. À leur suite, Pissarro, Renoir et bien d'autres se prêtent à cet exercice académique. Quant à Cézanne, ses figures suggestives ont un rapport à la nudité plus pudique que celles de ses prédécesseurs et de ses contemporains.

Sombres dans les années 1870, plus lumineux à partir des années 1890, les nus de Cézanne se fondent dans le paysage de manière harmonieuse et fusionnelle, comme c'est le cas ici. Le peintre n'accorde pas plus d'importance à la représentation des figures qu'aux éléments naturels (arbres, ciel et eau) et traite chaque détail du tableau de la même façon. Les visages sont à peine reconnaissables et les femmes semblent dématérialisées.

## LES ARTISTES FAUVES

Le terme « fauve » vient du critique d'art Louis Vauxcelles qui, dans son compte-rendu du Salon d'Automne de 1905, surpris par le décalage entre un buste néo-classique exposé au milieu des peintures de jeunes artistes, parle d'un « Donatello chez les fauves ». Cet adjectif a perduré en histoire de l'art pour désigner l'utilisation audacieuse de la couleur par certains peintres tels qu'Henri Matisse (1869-1954), Maurice de Vlaminck (1876-1958), Raoul Dufy (1877-1953) ou André Derain (1880-1954). Héritiers de Gauguin, Cézanne et Van Gogh, les fauves ne se contentent pas de représenter strictement la réalité : ils jouent avec les couleurs en bouleversant les codes picturaux. Pour eux, un tronc d'arbre peut aussi bien être vert que rouge ou jaune.

# LA MONTAGNE SAINTE-VICTOIRE VUE DES LAUVES

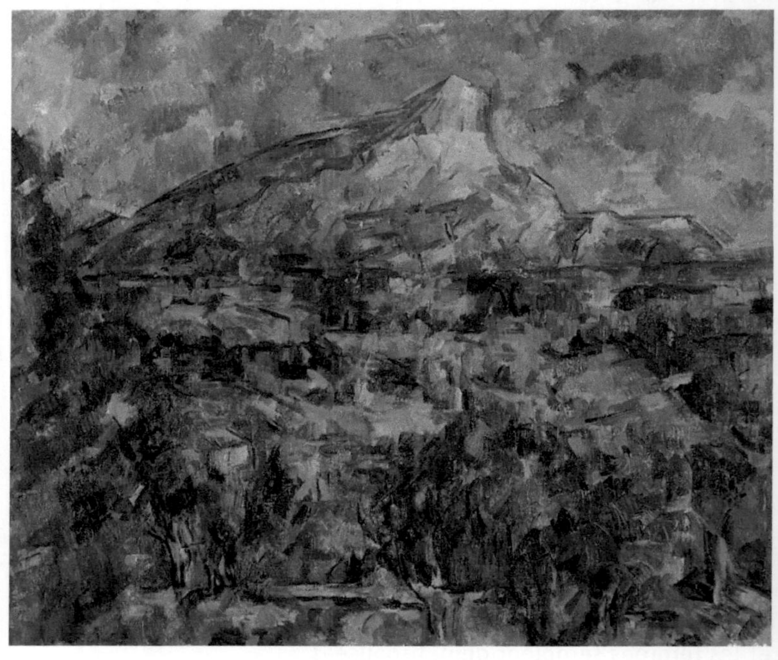

*La Montagne Sainte-Victoire vue des Lauves*, 1902-1904, huile sur toile, 73 x 92 cm, Philadelphie, Philadelphia Museum of Art.

Ce tableau est particulièrement représentatif du style tardif de Cézanne. À l'instar des *Grandes Baigneuses*, il porte en lui les prémisses des avant-gardes du XXe siècle, qui mettront notamment en avant la simplification et la synthétisation des formes.

Sur cette toile, une multitude de tons se mêlent dans un brouhaha de couleurs. Le tableau est scindé en deux ensembles par la ligne d'horizon. La partie basse, qui représente les trois-quarts de la toile, s'ouvre sur une dominante de teintes chaudes, tandis que la partie haute emprisonne la composition dans une chape de couleurs froides. Cette richesse chromatique trouve écho dans les paroles de Cézanne que rapporte Joachim Gasquet dans sa biographie consacrée au peintre : « L'odeur toute bleue des pins, qui est âpre au soleil, doit épouser l'odeur verte des prairies qui fraîchissent là chaque matin, avec l'odeur des pierres, le parfum de marbre lointain de la Sainte-Victoire. » (GASQUET (Joachim), *Cézanne*, La Versanne, Encre Marine, 2002, p. 240)

## LA SAINTE-VICTOIRE EN MAJESTÉ

Quand Cézanne peint la Sainte-Victoire à la fin du XIXe siècle, la montagne a déjà prêté sa silhouette à de nombreux artistes. C'est un site très prisé des peintres provençaux. Jean-Antoine Constantin (1756-1844), François Marius Granet (1775-1849), Émile Loubon (1809-1863), Adolphe Monticelli (1824-1886) ou encore Paul Guigou (1834-1871) ont tour à tour été attirés par cet imposant massif calcaire, paradis des randonneurs.

# PAUL CÉZANNE, UNE SOURCE D'INSPIRATION

## HOMMAGES À CÉZANNE

« Le peintre le plus mauvais de la France s'appelle précisément monsieur Paul Cézanne. C'est le peintre le plus maladroit, le plus catastrophique, et celui qui a plongé l'art moderne dans la merde sublime qui est en train de nous engloutir tous », proclame l'artiste espagnol Salvador Dalí (1904-1989), connu pour sa légendaire verve provocatrice, dans un entretien télévisé avec Denise Glaser en 1971 (dans l'émission *Discorama* de la chaîne ORTF). C'est dire si le peintre aixois laissa une trace indélébile sur le paysage artistique français.

Au début du XXe siècle, fauves, cubistes ou encore surréalistes se revendiquent tous les successeurs de celui qui se voyait lui-même comme le « primitif d'un art nouveau ». Les uns appliquent ses principes sur la géométrisation des formes à la lettre, tandis que les autres approfondissent ses recherches sur la couleur. La grande rétrospective consacrée à l'artiste au Salon d'automne à Paris en 1907, un an après sa mort, plonge définitivement le nouveau siècle dans l'art moderne. Peint en 1900, l'*Hommage à Cézanne* de Maurice Denis (1870-1943) rend compte de l'importance de l'artiste aux yeux de ses contemporains. La scène se passe dans la boutique d'Ambroise Vollard, où sont réunis la plupart des peintres nabis et amis de Cézanne (Paul Sérusier, Édouard Vuillard, Pierre Bonnard ou encore Odilon Redon) La présence de l'artiste est signifiée par la nature morte posée sur le chevalet, peinte par Cézanne et acquise par Paul Gauguin (*Compotier, Verre et Pommes*, 1879-1880).

# LA NAISSANCE DU CUBISME

Pablo Picasso (1881-1973) et Georges Braque (1882-1963) sont profondément marqués, à leurs débuts, par l'influence de Cézanne. On qualifie d'ailleurs de « cézannienne » la première période du cubisme (1908-1910), en référence à l'artiste aixois. La question du traitement des volumes en deux dimensions, au cœur de la recherche cubiste, dérive en effet de la géométrisation de la forme initiée par Cézanne.

Grand admirateur du peintre aixois, Picasso collectionne ses œuvres. « Si je connais Cézanne ! Il était mon seul et unique maître ! Vous pensez bien que j'ai regardé ses tableaux... J'ai passé des années à les étudier... » (BRASSAÏ, *Conversations avec Picasso*, Paris, Gallimard, 1964, p. 113), avoue-t-il un jour à son ami le photographe Brassaï (1899-1984). Déstructurées et déshumanisées, ses *Demoiselles d'Avignon* (vers 1906-1907) réinterprètent à leur façon les grandes baigneuses de Cézanne. Le peintre espagnol pousse ici l'enseignement de son maître (« Traitez la nature, par le cylindre, la sphère et le cône ») à son paroxysme.

Les premières toiles de Georges Braque témoignent elles aussi de l'influence directe de Cézanne, comme on peut le voir avec *Le Viaduc à l'Estaque* (1908). Après la rétrospective de 1907, Braque se rend à l'Estaque sur les traces de son aîné : il peint alors un premier tableau fidèle à son modèle par le choix des couleurs et l'agencement des volumes (1907), puis il reprend le sujet dans une seconde composition en épurant le motif et en simplifiant les formes. En voyant le tableau de Braque, Matisse parlera de « petits cubes », une formule que le critique Louis Vauxcelles (1870-1943) reprend dans un article publié à l'occasion d'une exposition de Braque à la galerie Kahnweiler en 1908, et dont dérive le terme « cubisme », utilisé couramment dès 1911.

## LE CUBISME CÉZANNIEN

On désigne par « cubisme cézannien » la première période du cubisme, au cours de laquelle les artistes cherchent à repenser l'espace de la toile en s'interrogeant plus précisément sur le traitement des volumes en trois dimensions. Les cubistes réduisent toutes les formes à des schémas géométriques. Ils souhaitent donner à voir simultanément au spectateur une multitude de points de vue sur un même objet. Le style cubiste est caractérisé par un éclatement de la forme, une composition synthétique du sujet, des figures géométriques qui se décomposent en différentes « facettes », comme les côtés d'un cube. L'espace de la toile est complètement déconstruit. On considère généralement comme premier tableau cubiste *Les Demoiselles d'Avignon* de Picasso.

# EN RÉSUMÉ

- Paul Cézanne (1839-1906) est un peintre français originaire d'Aix-en-Provence. Monté à Paris pour étudier la peinture en 1861, il partagera sa vie entre la région parisienne et le Sud de la France, avant de revenir définitivement dans sa région natale à la fin des années 1880.

- Au début de sa carrière, il copie ses aînés et se passionne pour Gustave Courbet et Eugène Delacroix, admirant le réalisme du premier et la passion du second. Ses premières œuvres se caractérisent par des contours francs, des couleurs sombres et une touche mouvementée.

- Proche de Camille Pissarro, Cézanne côtoie ensuite pendant un temps les impressionnistes. Il participe à la première et à la troisième exposition du groupe, en 1874 et en 1877. Mais la mauvaise réception de son œuvre auprès des critiques et du public l'amène à prendre ses distances avec ce courant.

- L'artiste évolue alors vers un style plus personnel. Alors que sa palette s'était déjà éclaircie au contact des impressionnistes et que ses lignes de contours s'étaient déjà estompées, c'est la découverte des splendeurs de la Méditerranée et de l'Estaque, un petit village de pêcheurs en bordure de Marseille, qui lui apporte réellement la lumière qui manquait à sa peinture. Cézanne est fasciné par les couleurs tranchées du Sud, et cela se reflète dans toutes ses œuvres : son art se caractérise dorénavant par une géométrisation des formes et de petites touches de couleurs vives.

- Ses thèmes privilégiés sont les portraits, les natures mortes, les baigneuses et la montagne Sainte-Victoire, qui lui inspire près de 80 peintures et aquarelles. Il s'agit d'une quête picturale sans fin dans sa carrière.

- Il fait partie, aux côtés de Paul Gauguin et de Vincent Van Gogh, de ceux que l'on appelle les « postimpressionnistes », et il est considéré comme le précurseur du cubisme.

# POUR ALLER PLUS LOIN

## SOURCES BIBLIOGRAPHIQUES


- ATKINS (Robert), *Petit lexique de l'art moderne. 1848-1945*, Paris, Abbeville, 1996.
- BERNARD (Émile), « Paul Cézanne », in *L'Occident*, n° 32, juillet 1904, p. 17-30.
- BERNARD (Émile), « Une conversation avec Cézanne », in *Mercure de France*, CXLVIII, 1er juin 1921, p. 372–397.
- BRASSAÏ, *Conversations avec Picasso*, Paris, Gallimard, 1964.
- CÉZANNE (Paul), *La Peinture couillarde. Lettres et propos choisis par Jean-Paul Morel*, Paris, Mille et une nuits, 2006.
- *Cézanne et Paris*, catalogue d'exposition, Paris, musée du Luxembourg, 12 octobre 2011-26 février 2012, Paris, RMN, 2011.
- *Cézanne et Pissarro 1865-1885*, catalogue d'exposition, Paris, musée d'Orsay, 28 février-26 mai 2006, RMN, Paris, 2006.
- COLLECTIF, *Encyclopédie de l'art*, Paris, Librairie Générale Française, 2000.
- *Courbet/Cézanne, la vérité en peinture*, catalogue d'exposition, Ornans, musée Courbet, 29 juin-14 octobre 2013, Paris, Fage, 2013.
- GASQUET (Joachim), *Cézanne*, Paris, édition Bernheim jeune, 1921.
- *Le Grand Atelier du Midi*, catalogue d'exposition, Marseille, palais Longchamp, 13 juin-13 octobre 2013, Paris, RMN-Grand-Palais, 2013.
- LICHTENSTEIN (Sara), « Cézanne and Delacroix », in *The Art Bulletin*, volume 46, n° 1, mars 1964, p. 55-67.
- MADELEINE-PERDILLAT (Alain), « Cézanne et Zola : la fin d'une amitié », in *Revue Conférence*, n° 37, automne 2013, p. 431-456.
- *Picasso/Cézanne*, catalogue d'exposition, Aix-en-Provence, musée Granet, 25 mai-27 septembre 2009, RMN, 2009.

- REWALD (John), *Cézanne*, Paris, Flammarion, 2011.
- RIVIÈRE (Georges), *Cézanne, le peintre solitaire*, Paris, Henri Floury, 1933.
- SHIFF (Richard), *Cézanne et la fin de l'impressionnisme. Étude sur la théorie, la technique et l'évaluation critique de l'art moderne*, Paris, Flammarion, 1995.
- SOUBIRAN (Jean-Roger), *La Montagne Sainte-Victoire. Un atelier du paysage provençal de Constantin à Cézanne*, Avignon, Éditions Bénézet, 2006.
- TOMPKINS LEWIS (Mary), *Cezanne's Early Imagery*, Berkeley/ Los Angeles, University of California Press, 1989.
- VOLLARD (Ambroise), *Paul Cézanne*, Paris, Vollard, 1914.
- VOLLARD (Ambroise), *Souvenirs d'un marchand de tableaux*, édition revue et augmentée, Paris, Albin Michel, 2007.

## SOURCES ICONOGRAPHIQUES

- CÉZANNE (Paul), *Achille Emperaire*, 1867-1868, huile sur toile, 200 x 120 cm, Paris, musée d'Orsay. La photo reproduite est réputée libre de droits.
- CÉZANNE (Paul), *Autoportrait*, 1880-1881, huile sur toile, 34,7 x 27 cm, Londres National Gallery. La photo reproduite est réputée libre de droits.
- CÉZANNE (Paul), *La Maison du pendu à Auvers-sur-Oise*, 1873, huile sur toile, 55,5 x 66,3 cm, Paris, musée d'Orsay. La photo reproduite est réputée libre de droits.
- CÉZANNE (Paul), *La Montagne Sainte-Victoire vue des Lauves*, 1902-1904, huile sur toile, 73 x 92 cm, Philadelphie, Philadelphia Museum of Art. La photo reproduite est réputée libre de droits.
- CÉZANNE (Paul), *Le Golfe de Marseille vu de l'Estaque*, 1885, huile sur toile, 80 x 101 cm, Chicago, The Art Institute of Chicago. La photo reproduite est réputée libre de droits.

- CÉZANNE (Paul), *Les Grandes Baigneuses*, 1900-1906, huile sur toile, 210 x 251 cm, Philadelphie, Philadelphia Museum of Art. La photo reproduite est réputée libre de droits.
- CÉZANNE (Paul), *Pommes et Oranges*, vers 1899, huile sur toile, 74 x 93 cm, Paris, musée d'Orsay. La photo reproduite est réputée libre de droits.

## SOURCES COMPLÉMENTAIRES

- *La Violence du motif : la montagne Sainte-Victoire*, documentaire d'Alain Jaubert, France, 1995.
- L'Atelier Cézanne, sur http://www.atelier-cezanne.com/france/visites.htm, consulté le 25/09/2014.
- Société Paul Cézanne, sur http://www.societe-cezanne.fr/, consulté le 25/09/2014.

www.50minutes.com

Éditeur responsable : Lemaitre Publishing
Rue Lemaitre 4 | BE-5000 Namur
info@lemaitre-editions.com

ISBN ebook : 978-2-8062-5796-3
ISBN papier : 978-2-8062-5797-0
Dépôt légal : D/2014/12603-165
Photo de couverture : © *Autoportrait*, par Paul Cézanne, 1880-1881.

Conception numérique : Primento,
le partenaire numérique des éditeurs